Hallo! Ich bin Anoki.
Für jede Seite, die du fertig hast,
malst du einen Eimer aus.

2 3 4 5
6 7 8
9 10 11 12
13 14 15 16 17 18 19 20
21 22 23 24 25 26 27 28
29 30 31 32 33 34 35 36
37 38 39 40 41 42 43 44 47

Auf einem Bauernhof werden viele Tiere gezüchtet. Der Mensch nutzt diese Tiere und ihre Produkte. Darum bezeichnet man diese Haustiere auch als Nutztiere.

▶ Kreise alle Nutztiere ein.

▶ Wie heißen diese Nutztiere?
Ordne die Namen **Schaf, Huhn, Rind, Schwein, Biene, Gans** zu.

Der Mensch ist für seine Tiere verantwortlich. Er muss sich um sie kümmern.

▶ Schreibe zu den Bildern.

Pflege

Haustiere werden unterschiedlich gehalten. Man unterscheidet Freilandhaltung oder Auslaufhaltung und Massentierhaltung.

▶ Klebe die richtigen Fotos von Seite 45 hier ein.

Rinder in Stallanlagen

Hühner im Stall / Bodenhaltung

Rinder auf der Weide

Hühner in Freilandhaltung

Rinder sind Säugetiere. Das männliche Tier heißt Bulle oder Stier, das weibliche Tier Kuh und das Jungtier Kalb.

▶ Ordne zu: **Kuh, Kalb, Bulle oder Stier**.

Das Fell eines Rindes kann schwarz, weiß, braun und gescheckt sein.

▶ Male das Rind aus.

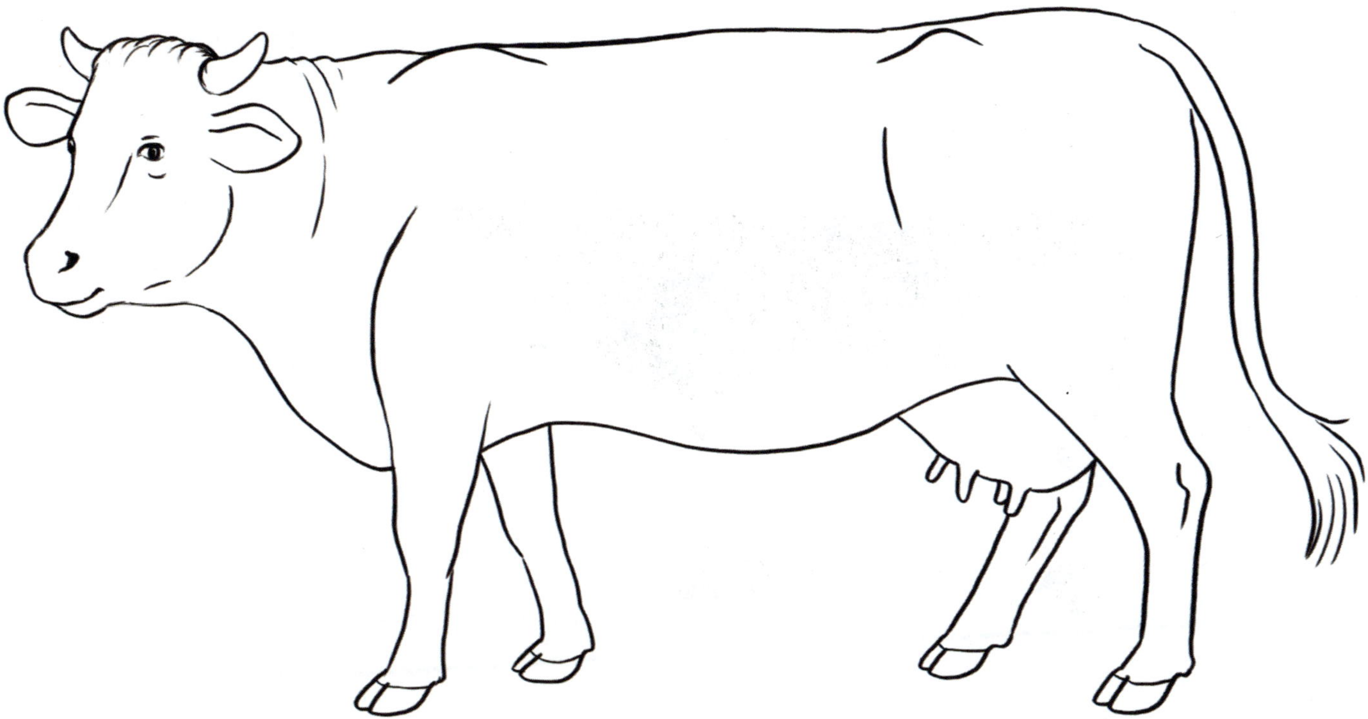

▶ Wie heißen die Körperteile der Kuh?
Beschrifte: **Kopf, Fell, Euter mit Zitzen, Beine, Klauen, Schwanz, Hörner**.

Rinder fressen Gras, Klee, Kräuter und Getreide. Sie müssen viel trinken.
Rinder sind Wiederkäuer. Das bedeutet, sie kauen ihre Nahrung mehrmals, schlucken sie herunter und würgen sie wieder herauf.

▶ Was gehört nicht zur Nahrung eines Rindes?
Streiche durch.

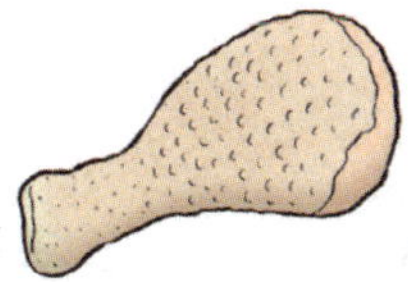

Der Mensch nutzt vom Rind Milch, Fleisch und Haut.

▶ Welche Milchprodukte werden in einer Molkerei hergestellt? Kreise ein.

▶ Schreibe einen Steckbrief zum Rind.

Steckbrief

Tier: ______________________

Aussehen: ______________________

____

zur Familie gehören: ______________________

Nahrung: ______________________

Interessantes: ______________________

Das Hausschwein ist ein Säugetier. Viele Schweine haben ein dichtes Borstenkleid, durch das die Haut rosa hindurch schimmert.
Das Hausschwein stammt vom Wildschwein ab.

▶ Ordne zu: **Hausschwein**, **Wildschwein**.

________________________ ________________________

▶ Wie heißen bei den Schweinen das männliche Tier, das weibliche Tier und die Jungtiere? Verbinde.

Ferkel

Eber

Sau

Eine Sau kann zweimal im Jahr Junge bekommen. In einem Wurf können das bis zu 14 Ferkel sein.

▶ Was glaubst du, wie viele Ferkel sind das bei dieser Sau? Male.

▶ Wie heißen die Körperteile einer Sau?
Ergänze: **Kopf, Rüssel, Borstenkleid, Gesäuge mit Zitzen, Beine, Klauen, Schwanz**.

Schwein

▶ Verbinde passend Text und Bild.

Schweine sind Allesfresser. Sie fressen Pflanzen und Tiere. Schweine trinken viel Wasser.	Schweine können mit ihrem Rüssel gut riechen und tasten.	Schweine suhlen sich im Schlamm. Das kühlt sie ab und macht sie sauber.

Der Mensch nutzt vom Schwein das Fleisch, die Borsten und die Haut. Aus der Haut wird Leder hergestellt.

▶ Was liefert das Schwein dem Menschen nicht? Streiche durch.

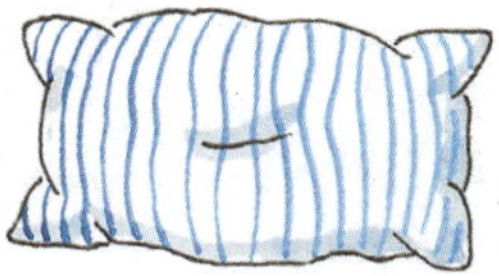

▶ Finde die sechs Unterschiede. Kreise ein.

Das Huhn gehört zu den Vögeln. Es lebt die meiste Zeit auf dem Boden. Ein Huhn kann nicht besonders gut fliegen.

▶ Wie heißen die Körperteile des Huhns? Verbinde. Zwei Körperteile fehlen im Bild. Ergänze.

Schnabel

Federn

Brust

Krallen

Kamm

Flügel

Bein

▶ Male das Huhn richtig aus.

▶ Wie heißen bei den Hühnern das männliche Tier, das weibliche Tier und die Jungtiere? Ordne die Wörter **Hahn, Henne** und **Küken** richtig zu.

Huhn

Hühner scharren ihr Futter aus dem Boden und picken es mit ihrem Schnabel auf.

▶ Was frisst ein Huhn?

Ordne die Wörter **Würmer, Körner, Gras, Klee, Löwenzahn, Insekten** richtig zu.

▶ Was können Hühner besonders gut? Kreise ein.

gackern	schnattern	scharren	picken
flattern	schleichen	schwimmen	zwitschern
fauchen	ausbrüten	grunzen	summen

▶ Warum kräht der Hahn? Schreibe.

___

___

___

___

▶ Was liefert das Huhn dem Menschen nicht? Streiche durch.

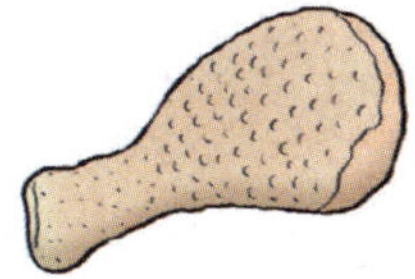

- Klebe die Bilder von Seite 45 hier richtig ein.

Die Glucke brütet das Ei in einem Nest aus.

Nach 21 Tagen pickt das Küken mit seinem Schnabel Risse in die Eierschale.

Nach dem Ausschlüpfen ist das Küken ganz feucht.

Später ist das Küken trocken und flauschig.

▶ Jedes Huhn hat ein Ei gelegt. Finde zehn Hühner und zehn Eier. Kreise ein.

Eines der ältesten Haustiere ist das Schaf.
Schaf ist auch der Name für das weibliche Tier. Das männliche Tier heißt Bock. Das Jungtier ist ein Lamm.

▶ Ordne zu: **Schaf, Lamm, Bock**.

▶ Wie heißen die Körperteile des Schafes? Verbinde.

Es gibt sehr viele unterschiedliche Schafrassen auf der ganzen Welt.

Schwanz

Körper

Ohren

Schnauze

Beine

▶ Male dem Schaf ein Fell.

Schafe sind Pflanzenfresser und Wiederkäuer wie Rinder.
Sie fressen Gras, Kräuter, Heu und Getreide. Außerdem brauchen sie immer frisches Wasser.

▶ Streiche durch, was nicht zur Nahrung eines Schafes gehört.

Welche Produkte liefert das Schaf dem Menschen? Kreise ein.

▶ Schafe werden unterschiedlich gehalten. Verbinde passend Bild und Text miteinander.

Schafe werden in der Einzel- oder Koppelhaltung gehalten. Sie leben auf einer eingezäunten Weide.	Bei der Hüte-Haltung grasen Schafe auf einer Weide in der Nähe ihres Stalls.	In der Wanderhaltung wandern die Schafe mit ihrem Schäfer und den Hunden von Weide zu Weide.

▶ Findest du die drei Hunde? Kreise ein.

Das Pferd ist ein Säugetier. Es ist ein Pflanzenfresser. Das männliche Pferd heißt Hengst. Die Stute ist das weibliche Tier. Das Jungtier ist ein Fohlen.

▶ Ordne zu: **Hengst, Stute, Fohlen**.

▶ Wie heißen die Körperteile des Pferdes? Verbinde.
Zwei Körperteile fehlen im Bild. Ergänze.

Mähne

Ohren

Rücken

Schweif

Bein

Huf

Nüstern

Hals

Brust

Pferde waren den Menschen früher eine große Hilfe bei schwerer Arbeit.
Heute verbringen die Menschen oft ihre Freizeit mit den Pferden.

▶ Kreuze an, wozu Pferde heute genutzt werden.

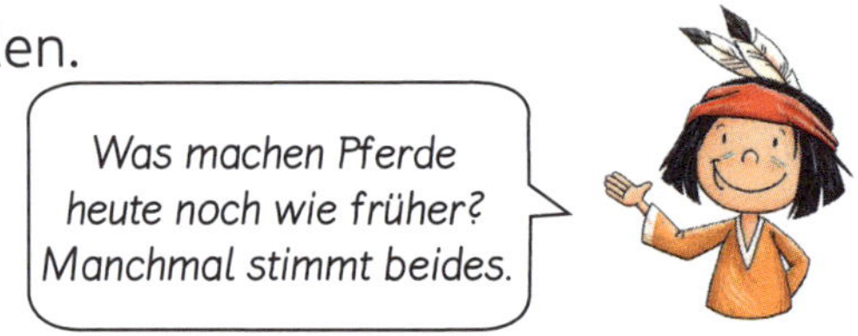

 ☐

 ☐

 ☐

 ☐

 ☐

 ☐

▶ Schreibe einen Steckbrief zum Pferd.

Steckbrief

Tier: ______________________________

Aussehen: ______________________________

____

zur Familie gehören: ______________________________

Nahrung: ______________________________

Interessantes: ______________________________

Die Ziege war eines der ersten Haustiere des Menschen.

▶ Wie heißen die Körperteile der Ziege? Verbinde.

Hörner

Fell

Schwanz

Bein

Kopf

Hufe

Euter

Die Ziege ist ein Säugetier. Das männliche Tier heißt Bock.
Das weibliche Tier ist die Ziege oder Geiß. Das Jungtier ist das Ziegenkitz.
Es wird aber auch Ziegenlamm oder Geißlein genannt.

▶ Verbinde.

Bock

Ziegenkitz

Ziege

▶ Was liefert die Ziege dem Menschen? Kreise ein.

► Suche zu jeder Ziege den richtigen Schatten. Verbinde.

Die Hausgans stammt von der Graugans ab. Gans ist auch der Name für das weibliche Tier. Das männliche Tier hat verschiedene Namen: Gänserich, Ganser, Ganter, Ganterich. Das Gänseküken heißt auch Gänsel oder Gössel.

► **Hausgans** oder **Graugans**? Ordne den richtigen Namen zu.

▶ Welchen Nutzen hat der Mensch von der Gans? Kreise ein.

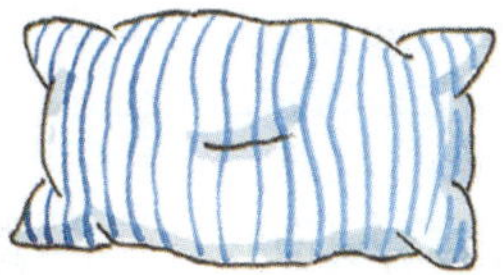

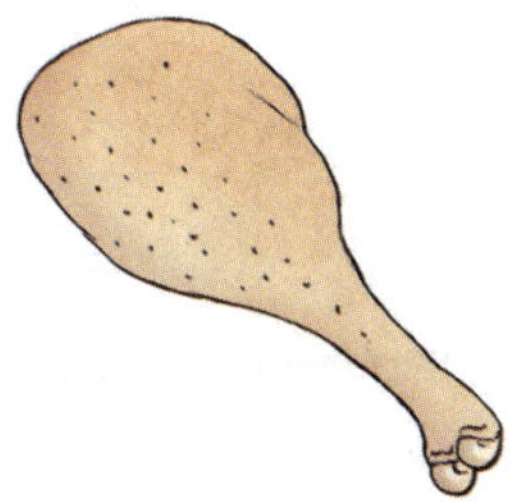

Die Honigbiene gehört zu den Insekten. Bienen leben in Völkern, auch Staat genannt. In einem Bienenvolk gibt es eine **Königin**, tausende **Arbeiterinnen** und einige hundert Männchen. Sie heißen **Drohnen.**

In einem Bienenstaat leben zwischen vierzigtausend und sechzigtausend Bienen.

► Verbinde Bild und Text passend.

Königin

Drohne

Arbeiterin

Sie haben nur eine Aufgabe. Sie paaren sich mit der Königin. Dann sterben sie.	Sie legt die Eier, aus denen wieder neue Bienen schlüpfen.	Sie arbeiten sehr viel im Bienenstock und sammeln Pollen und Nektar.

Wie heißen die Körperteile der Honigbiene? Verbinde.
Zwei Körperteile fehlen. Ergänze.

2 Paar Flügel

Kopf

Hinterleib

Brust

2 Fühler

2 Netzaugen

6 Beine

Die Honigbiene fliegt von Blüte zu Blüte. Sie bestäubt neben den Blumen auch die Obst- und Gemüsepflanzen. Damit sichert sie dem Menschen die Nahrung. Die Biene ist Honiglieferant und produziert Wachs.

▶ Was liefert die Biene dem Menschen nicht? Streiche durch.

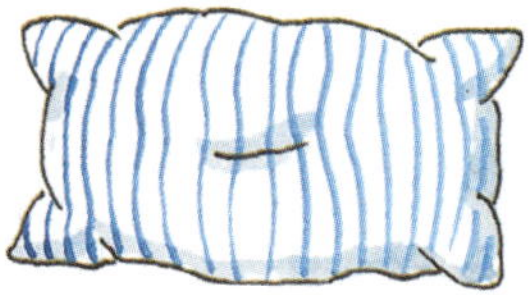

Die Biene ist stark gefährdet. Sie muss geschützt werden.

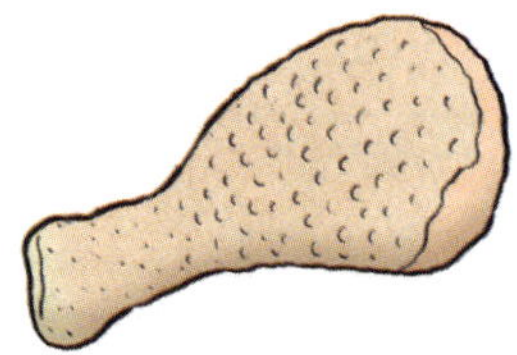

▶ zu Seite 24

▶ zu Seite 5

▶ Wo findest du im Heft diese Bildausschnitte? Schreibe die Seitenzahl an das Bild.

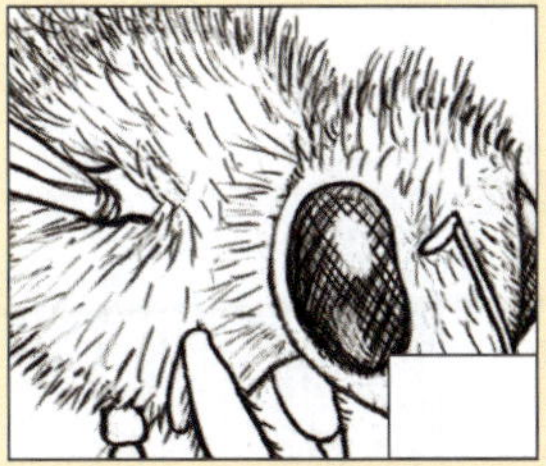

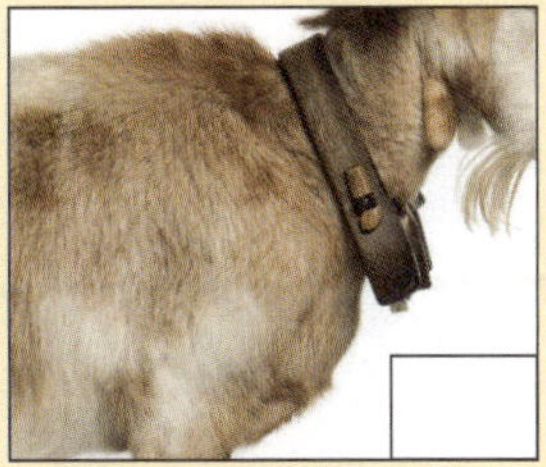

Bildquellen:
3.1 shutterstock.com (Supertrooper), New York, NY; **3.2** shutterstock.com (Brocreative), New York, NY; **3.3** Thinkstock (iStockphoto), München; **3.4** Fotolia.com (Alekss), New York; **3.5** Thinkstock (Ingram Publishing), München; **3.6** Klett-Archiv (Christian Günther, Leipzig), Stuttgart; **8.1** shutterstock.com (Supertrooper), New York, NY; **12.1** Ullstein Bild GmbH (Peters), Berlin; **12.2** Okapia (Hans Reinhard), Frankfurt; **15.1** shutterstock.com (Brocreative), New York, NY; **22.1** Fotolia.com (Ingo Bartussek), New York; **30.1** Fotolia.com (Andrea Wilhelm), New York; **30.2** Fotolia.com (Bergringfoto), New York; **30.3** Fotolia.com (Ewald Fröch), New York; **36.1** 123rf (Eric Isselee), Nidderau; **40.1** Fotolia.com (mirkograul), New York; **40.2** Fotolia.com (Otto Durst), New York; **42.1** Picture-Alliance (Klaus Nowottn), Frankfurt; **42.2** Fotolia.com (Roman Pyshchyk), New York; **42.3** Fotolia.com (Michael Tieck), New York; **45.1** shutterstock.com (thieury), New York, NY; **45.2** shutterstock.com (Lungkit), New York, NY; **45.3** shutterstock.com (Anneka), New York, NY; **45.4** shutterstock.com (Anneka), New York, NY; **45.5** Thinkstock (Ingram Publishing), München; **45.6** iStockphoto (matteodestefano), Calgary, Alberta; **45.7** Thinkstock (istockphoto), München; **45.8** Thinkstock (Digital Vision), München

1. Auflage 1 5 4 3 2 1 | 20 19 18 17 16

Alle Drucke dieser Auflage sind unverändert und können im Unterricht nebeneinander verwendet werden.
Die letzte Zahl bezeichnet das Jahr des Druckes.

Autorin: Dörte Fandrey

Redaktion: Gerit Sander
Herstellung: Claudia Rosch, Marietta Kurth

Layoutkonzeption: know idea gmbh, Freiburg
Illustrationen: Friederike Ablang, Berlin; Dorothea Ackroyd, Bielefeld; Martina Burghardt-Vollhardt, Kamenz; Sabine Dubb, Bietigheim; Anke Fröhlich, Leipzig; Carolin Görtler, Immenstadt im Allgäu; Mascha Greune, München; Carmen Hochmann, Bielefeld; Hendrik Kranenberg, Drolshagen; Klaus Müller, Berlin; Bettina Reich, Zwenkau; Steffen Walentowitz, Jever
Umschlagillustration: Anke Fröhlich, Leipzig
Druck: Medienhaus Plump GmbH, Rheinbreitbach

Printed in Germany
ISBN 978-3-12-161058-7

9 783121 610587